Anni & Carsten Sennov

Le petit guide
de l'énergie

Occupez-vous bien de votre énergie

1

I0521845

good adventures publishing

Le petit guide de l'énergie 1

©2017, Anni & Carsten Sennov
et Good Adventures Publishing
Première édition, deuxième impression
Police: Trebuchet MS
Mise en page: Anni & Carsten Sennov,
www.good-adventures.com
Couverture: mono voce aps, www.monovoce.dk

Titre original en danois: Den lille energiguide 1
Titre en anglais: The Little Energy Guide 1
Traduction française: Sue Jonas

ISBN 978-87-92549-49-5

Contenu

Préface

Nous passons la plupart de notre temps avec des gens agréables et heureux, les gens que nous aimons et que nous voulons soutenir du mieux que nous pouvons. Cependant, de temps en temps, nous rencontrons des gens qui ne sont pas forcément bons pour nous.

Ces gens-là essaient d'accéder à notre énergie de plusieurs façons et nous devons nous en méfier.

Nous devons prendre grand soin de notre propre énergie car c'est cela que veulent récupérer, de manière inconsciente, ces personnes-là. Ce petit guide de poche vous apprendra comment y parvenir.

Si vous lisez ce livre et en suivez les instructions, vous allez vite comprendre comment il est possible de bien gérer son énergie afin de pouvoir profiter au maximum de sa vie.

Nous espérons que la lecture de ce livre vous fera remarquer des effets très positifs dans votre vie...

Prenez bien soin de vous!

Anni & Carsten Sennov

Prenez bien soin de vous !

N'oubliez pas que si vous prenez bien soin de vous, vous aurez l'énergie nécessaire pour vous faire du bien, à vous-même, aux autres et surtout aux personnes qui sont importantes pour vous.

Regardez bien votre propre situation énergétique avant de vous engager pour autrui. Il est bien préférable d'avoir assez d'énergie à votre disposition pour pouvoir aider ceux envers qui vous vous êtes engagé car vous n'avez pas envie d'être obligé de les laisser tomber à mi-chemin si vous avez négligé de faire votre propre bilan énergétique.

La vie humaine est sensée être une expérience et non une lutte pour survivre. Commencez donc toujours par bien équilibrer vos propres énergies avant de proposer votre aide. Personne ne va bénéficier de l'intervention du 'sauveur' en qui tout le monde avait confiance si sa vie à lui est

complètement désordonnée et s'il est in-
capable de remplir sa mission. C'est la
noyade assurée pour tous!

Occupez-vous bien de votre champ énergétique

Occupez-vous de votre champ énergétique de manière quotidienne. Cela comprend la totalité de votre énergie personnelle et votre de charisme.

Pour ce faire, retournez et renvoyez l'énergie des autres et récupérez la vôtre-matin, midi et soir-aussi bien quand vous êtes avec les autres que si vous l'avez été, chez vous, au travail, à l'école ou à chaque fois que vous faites des activités avec d'autres.

Tirez vers vous et récupérez votre énergie lorsque vous vous réveillez et quand vous vous couchez, en arrivant au travail, à l'école, chez vous (et partout ailleurs) et quand vous repartez.

Récupérez votre énergie et rendez l'énergie aux autres, que vous soyez dans le train, dans la voiture, dans le métro, à la gare, à l'aéroport, en salle de classe, en salle des professeurs, dans un café ou un restaurant, en rendez-vous d'affaires ou en réunion parents – professeurs, à un dîner en famille ou un anniversaire d'enfant, à la crèche, dans la queue au supermarché, en fait partout! Où que vous soyez et pour le plus grand bien de tous, vous pouvez suivre ce processus à chaque fois.

Comment faire

Ce processus de nettoyage ne prend que deux minutes et peut s'effectuer n'importe où et à n'importe quel moment.

Il suffit de dire cette phrase, silencieusement à l'intérieur de vous ou de visualiser le processus:

"Maintenant, je récupère toute l'énergie qui m'appartient (nettoyée et purifiée) de toutes personnes et tous lieux et je renvoie l'énergie qui ne m'appartient pas de mon propre champ vers ses propriétaires."

Si vous ne parvenez pas à visualiser tout cela il suffit juste de répéter la phrase autant de fois que ça vous parait nécessaire.

Transformez la résistance en quelque chose de bien pour vous

Comme le pardon, l'oubli est un cadeau du ciel car vous pouvez choisir en toute conscience d'oublier si quelqu'un a parlé de vous en mal ou avec condescendance, soit en votre absence soit devant vous.

Vous pouvez décider de convertir toute cette énergie négative envoyée vers vous en quelque chose de positif pour vous.

Il faut donner le moins d'attention possible à vos adversaires. Moins vous pensez à eux, plus ils seront obligés de puiser dans leur propre énergie pour vous combattre. Vous ne serez donc pas affaibli car vous n'aurez pas utilisé vos propres réserves d'énergie.

La seule chose à ne pas oublier est de ne jamais laisser entrer la résistance dans votre propre champ énergétique mais de la renvoyer vers ceux qui l'ont créée. Du coup, ils seront obligés de passer du temps à se rééquilibrer.

Comme cette énergie a été envoyée vers vous, vous avez tout à fait le droit de la convertir en quelque chose de positif pour vous, si vous en avez envie.

Si vous n'en faites pas quelque chose de bien ou si vous ne la renvoyez pas à son créateur, cette énergie continuera d'exister en sa forme négative, telle que vous l'avez reçue.

Comment faire

Imaginez que toute la résistance envoyée vers vous par d'autres se transforme de négatif et sombre en léger et joyeux et que vous en sentiez les bienfaits.

Il est possible aussi, avec vos pensées, de renvoyer cette énergie à son expéditeur et c'est lui qui sera obligé de régler sa propre négativité à l'aide de sa propre énergie.

Comment gérer
un voleur d'énergie

Ne craignez pas les autres car cela fait croître leur énergie.

Si vous pensez trop aux autres et surtout si vous en avez peur ou vous ne vous sentez pas en sécurité avec eux, vous les invitez volontairement à entrer dans votre champ énergétique. Ils prendront par conséquent beaucoup plus de place que si vous les ignorez totalement.

Si les personnes en question sont des voleurs d'énergie expérimentés ils vont vite comprendre que vous êtes facile d'accès car ils ressentent que leur énergie existe déjà au sein de la vôtre et ce parce que vous leur avez donné beaucoup trop d'attention avec vos pensées.

Naturellement, ces personnes aimeraient

saisir cette énergie afin de pouvoir occuper de plus en plus de votre espace par votre énergie et votre attention. Les voleurs d'énergie se nourrissent de l'énergie d'autrui que ce soit à travers leur peur, leur irritation ou leur joie. Ils sont souvent incapables de distinguer entre ce qui est à vous et ce qui est à eux tout simplement parce qu' ils ne savent pas faire autrement.

Souvent, ce genre de personnes essaie d'irriter, d'énerver ou de provoquer les gens autour d'elles afin de pouvoir accéder à leur énergie. De telles personnes énervent tellement les autres que ceux-ci se mettent à penser sans arrêt à ces fauteurs de trouble. Par conséquent, le voleur rentre directement dans le champ énergétique de sa 'victime', il installe un'siphon d'énergie' afin de pouvoir se fournir d'énergie à sa guise.

Si un voleur d'énergie a besoin d'un supplément d'énergie, il se met à énerver sa proie qui, à son tour, se met à penser au voleur de plus en plus souvent et beaucoup plus que d'habitude. D'énormes quantités d'énergie peuvent être transférées d'un champ énergétique à un autre de cette manière et le voleur en profite.

Comment faire

Imaginez que vous renvoyez toute l'énergie à la personne en question et que vous récupérez toute votre énergie ainsi que toutes les pensées que vous avez au sujet de cette personne.

En même temps, n'oubliez pas de voir cette énergie passer à travers un filtre qui nettoie avant de lui permettre de regagner votre champ énergétique.

De cette façon, vous ne serez plus la cible du voleur d'énergie car il ne restera plus d'histoires énergétiques non-résolues entre vous. De plus vous ne contribuerez plus au processus comme vous le faisiez auparavant (malgré vous) car vous ne vous permettrez plus d'être provoqué par cet individu.

Comment faire avec des personnes difficiles

Quand vous rencontrez une personne difficile, envoyez de l'amour pur vers elle. Cela fera dissoudre tout mécanisme de défense négative.

Si cette personne ne supporte pas les bonnes vibrations amicales, elle fera n'importe quoi pour vous éviter et pour éviter aussi votre énergie positive si vous l'en entourez.

Cette solution est si simple et facile. Elle marche à chaque fois!

Comment attirer des personnes et des situations positives

Si vous souhaitez ne rencontrer que des personnes positives et sympathiques et si vous voulez attirer des situations positives, vous devez envoyer de l'amour pur vers chaque être vivant que vous rencontrez.

Vous pouvez aussi remplir d'amour des lieux physiques et aussi des situations particulières. Ainsi, chaque lieu ou chaque situation "s'ouvrira" à vous de façon positive.

La roue des éléments

La roue des éléments représente le processus créatif derrière chaque chose qui se développe sur cette Terre. Il y a quatre étapes de conscience.

L'étape du Feu
Forte motivation
La puissance de la vérité

L'étape de l'Eau
La puissance qui crée un flux
La flexibilité
L'intuition

L'étape de la Terre
La puissance physique qui crée la forme

L'étape de l'Air
PLe pouvoir de la pensée créative
et visionnaire
La perspective

Premièrement, vous brûlez d'envie de réaliser un projet.

Deuxièmement, vous le faites mûrir et vous vous préparez intérieurement pour le démarrer.

Ensuite, vous préparez la partie pratique du projet.

Enfin, vous parlez ouvertement du projet et vous en faites la publicité autour de vous.

Puis vous recommencez avec la roue des éléments. Vous brûlez pour mettre en expansion votre projet. Sinon, vous brûlez pour un nouveau projet et ainsi de suite.

Du point de vue de la conscience, la roue des éléments est un processus qu'on peut mettre en œuvre au niveau énergétique pour chaque problème.

Utiliser la roue
des éléments

Quand vous avez un problème et avant
de faire quoi que ce soit, il faut toujours
penser à utiliser la roue de la conscience
des éléments: le Feu, l'Eau, la Terre et l'Air.

Commencez par brûler le problème avec
l'énergie du feu et en vous servant de vos
pensées afin que la lumière de la vérité
puisse régner. Cela veut dire que chaque
personne impliquée dans le projet sera
tentée d'être parfaitement honnête avec
vous et avec les autres par rapport à son
point de vue personnel.

De plus, le Feu de la vérité garantit que
seules les personnes qui pensent de façon
constructive seront attirées vers votre
projet et que les situations positives se
créeront autour des problèmes à résoudre.

Ensuite, imaginez l'énergie de l'Eau qui traverse le problème à traiter et qui améliore le flux du processus. L'Eau stimule aussi vos capacités d'intuition pour résoudre le problème.

Puis, imaginez que l'élément de la Terre traverse le problème afin de pouvoir trouver une solution spécifique et physique très rapidement.

Et enfin, envoyez l'Air à travers le problème avec vos pensées. Cela aidera à tout mettre en perspective pour trouver plus facilement des solutions concrètes à votre situation.

Dissoudre vos problèmes

N'envoyez jamais vos problèmes dans l'air ou sur l'eau ou même vers une puissance supérieure. Ce faisant, vous pourriez, malgré vous, faire prendre un risque aux autres parce qu'ils pourraient les récupérer s'ils se trouvent au mauvais lieu au mauvais moment.

Cela peut aussi arriver si quelqu'un est très sensible et a une forte envie d'aider les autres et le monde en général.

Il faut comprendre que beaucoup de personnes très sensibles ont tendance à intégrer les problèmes des autres dans leur système énergétique afin de les traiter ou de les résoudre. Cependant, elles-mêmes ne s'en rendent pas toujours compte. Tout cela se passe à un niveau inconscient et tout d'un coup elles se trouvent dans un état d'esprit qu'elles sont incapables d'expliquer et qui n'a strictement rien à voir avec leurs pensées ni avec ce qu'elles faisaient à ce moment-là. On peut donc conclure qu'il ne s'agit pas du tout de leurs propres problèmes mais de ceux des autres.

Alors, faites bien attention à penser aux autres quand vous envoyez vos problèmes ailleurs. Les problèmes ne vont pas disparaître de la planète juste parce que vous vous en débarrassez. Ils trainent dans l'atmosphère jusqu'à ce qu'un jour ils se dissolvent en petites particules qui seront éparpillées un peu partout afin de fusionner avec d'autres particules pour créer de nouvelles choses.

Vous devez donc dissoudre les problèmes ou les alléger avec de l'énergie afin d'éviter que d'autres les "attrapent".

Comment faire

Imaginez la dissolution et l'éclairage du problème grâce à l'énergie du Feu afin de vraiment mettre en évidence la situation pour toutes les personnes impliquées.

Voyez également comment vous brûlez le problème pour qu'il quitte votre conscience, vos pensées et votre champ énergétique jusque à ce qu'il ne reste que des cendres et l'essence pure de l'expérience de la vie. On peut espérer que cette expérience servira à vous aider plus tard dans la vie.

Ensuite, regardez la situation avec beaucoup de recul et essayez de trouver des solutions efficaces qui pourraient vous aider à retrouver l'équilibre là où vous avez des difficultés.

La dernière chose et non la moindre est de créer du flux dans votre vie pour éviter que la situation se reproduise.

Il y a plusieurs manières d'améliorer le flux, y compris de boire de l'eau pure vitalisée ou d'aller nager dans la mer ou dans la piscine la plus proche.

Si vous n'êtes pas capable de dissoudre, d'alléger ou d'illuminer les problèmes tout seul, nous vous conseillons de contacter quelqu'un dont l'énergie est très forte est qui sait comment 'brûler' la résistance. Cette personne peut vous aider à résoudre le problème pour éviter qu'il continue de vous gâcher la vie.

Quand l'énergie baisse

Il y a plusieurs façons de comprendre quand le niveau d'énergie autour de vous augmente ou baisse.

Ici, quelques exemples de l'énergie en baisse:

Vous vous sentez soudainement fatigué.

Tout à coup vous avez mal à la tête.

Vous sentez de la pression autour de votre tête et de vos épaules.

Vous avez des sensations étranges dans le ventre.

Vous avez l'impression que l'ambiance est lourde et très sombre dans la pièce où vous vous trouvez.

Avec une baisse d'énergie, essayez de remarquer ce qui vient de changer. Quelqu'un de particulier est-il entré dans la pièce? Parliez-vous de quelqu'un dont l'énergie est lourde ou de quelqu'un qui a un problème grave?

Vous pourriez quitter la pièce et/ou la situation pour voir si l'énergie change.

Quand l'énergie augmente

Lorsque l'énergie augmente autour de vous, vous sentez les choses suivantes:

Vous vous sentez plus à l'aise et beaucoup mieux.

Vous avez l'impression que la pièce est plus lumineuse et confortable.

Vous vous sentez soulagé et libéré intérieurement, sans pouvoir expliquer pourquoi.

Vous entendez le son de la fréquence augmentée dans vos oreilles.

Plus vous travaillez avec l'énergie, plus vous êtes rapide et efficace pour sentir et ressentir tout changement de fréquence.

Comment augmenter la fréquence autour de vous

Si vous sentez qu'il est nécessaire d'augmenter la fréquence énergétique là où vous êtes il y a plusieurs façons de faire:

Vous pouvez allumer des bougies, par exemple. Le Feu augmente la fréquence énergétique.

Imaginez que vous augmentez la fréquence en envoyant de la lumière (le Feu) dans le lieu où vous vous trouvez.

Essayez de voir si vous devez changer de place ou même ôter certains objets de la pièce pour que l'énergie puisse circuler plus librement.

Pensez à utiliser le Feng Shui, parfaitement adapté à notre époque, pour votre décoration.

Posez des cristaux ou des rochers à certains endroits de la pièce, ils nettoient et allègent l'énergie.

Profitez de la vie et amusez-vous! Un état d'esprit positif fait toujours du bien et transforme l'énergie de la pièce.

Post Scriptum

De la part des auteurs

Beaucoup de gens pensent que nous donnons de l'énergie à la peur si nous parlons de crimes ou de délits. Néanmoins, la délinquance dans toutes ses formes joue un rôle important dans la vie de beaucoup de gens, qu'ils soient du bon ou du mauvais côté de la loi.

Suite à de nombreuses demandes d'assistance, nous avons décidé d'inclure les deux exercices suivants dans ce guide.

La prévention de crimes et de délits

Pour éviter toute expérience de crime ou de délit à l'encontre votre personne ou de vos biens, vous pouvez mobiliser l'énergie du Feu avec vos pensées. Elle passera à travers toutes les personnes qui ont l'intention de transgresser les limites (les vôtres et celles des autres), même si vous ne savez pas qui sont ces personnes mal intentionnées.

Ceci n'est pas de la manipulation mais un acte de prévention qui ne nuira à personne sauf à ceux qui sont mal intentionnés à votre égard.

De plus, vous pouvez passer l'énergie du Feu à travers toutes vos biens afin de les entourer de la lumière de la vérité. Si vos affaires tombent dans les mains d'autres personnes, elles comprendront instinctivement qu'il s'agit d'affaires volées.

La raison pour laquelle on dit «objets chauds» (hot goods) en anglais pour les articles volés c'est qu'ils sont brûlants dans d'autres mains que celles de leur propriétaire.

Si vous en sentez le besoin, en plus des serrures, des alarmes et d'autres installations anti-vol classiques, vous pouvez aussi utiliser des pierres, des cristaux ou des amulettes qui ont tous les trois un pouvoir de protection. Mettez-les dans votre maison, dans votre magasin ou dans votre lieu de travail et autour de tous les objets qui ont de la valeur pour vous. Ainsi, ces choses ainsi que ces lieux seront protégés contre vol, cambriolage et dégradation.

Les mantras de protection sont aussi très efficaces. Ce sont des affirmations dites à haut voix autour de vos biens pour les entourer d'énergie positive. De cette façon, vos affaires n'attireront que des personnes bien intentionnées et seront protégées des vols et des dégradations.

En outre, servez-vous de votre intuition pour savoir si certaines personnes mal intentionnées s'approchent de vous ou de vos biens. Si c'est le cas, mettez en place toutes les stratégies dont on a parlé dans ce chapitre pour empêcher un cambriolage, ou autre.

Vous avez été exposé à un crime ou à un délit

Si vous ou un de vos proches êtes exposés à un crime ou à un délit ou alors si vos biens sont volés, vous devez brûlez le coupable au niveau de la conscience avec l'énergie du Feu.

Bien évidemment, vous n 'allez pas en réalité brûler cet individu, même si vous en avez très envie!

Si vous subissez un cambriolage, vous devez envoyer, par la pensée, de l'énergie pure du feu pour que le voleur soit traversé par la vérité du Feu. Ceci est une des pires choses possibles pour les gens malhonnêtes car cette énergie de vérité imprègne l'aura qui à son tour 'dénoncera' le coupable, qui en dira un peu trop ou qui se trouvera au mauvais lieu au mauvais moment. Il risquera ainsi de se faire prendre.

Cela peut se faire, que vous sachiez ou non qui est le coupable.

Comment faire

Imaginez que le coupable est consommé par le Feu, comme s'il était jeté dans les flammes d'une cheminée et il n'en restait que des cendres.

Il ne restera plus aucune trace de l'énergie de cette personne car l'énergie de la vérité aura tout consommé tout!

ΩΩΩ

Merci d'avoir lu ce livre et bonne chance avec les outils que nous avons partagés avec vous dans ce petit guide.

Pour aller plus loin...

Informations sur le four element profile

www.fourelementprofile.com

Anni Sennov est consultante clairvoyante, conférencière internationale et auteure de plus de 20 livres qui traitent de l'énergie et de la conscience ainsi que des relations entre les gens et des enfants des temps nouveaux, dont plusieurs ont été traduits du danois vers d'autres langues.

Voir les livres d'Anni Sennov, lisez des articles intéressants au sujet de l'énergie des Temps Nouveaux ou inscrivez-vous aux événements ou ateliers pour l'expansion de la conscience, abonnez-vous à son "Blog Doré" ainsi qu'à sa lettre d'information mensuelle (tous les deux en anglais)

www.annisennov.com

Pour acheter nos livres visitez

www.amazon.fr

A lire aussi